AF452940

M. VICTOR HUGO.

Ce siècle avait deux ans; Rome remplaçait Sparte,
Déjà Napoléon perçait sous Bonaparte.
. . . .
Alors dans Besançon, vieille ville espagnole,
Jeté comme la graine au gré de l'air qui vole;
Naquit d'un sang breton et lorrain à la fois
Un enfant sans couleur, sans regard et sans voix;
Cet enfant que la vie effaçait de son livre
Et qui n'avait pas même un lendemain à vivre,
C'est moi.

VICTOR HUGO, Feuilles d'automne.

Tous les genres sont bons, hors le genre ennuyeux.

BOILEAU, Art poétique.

Comme le monde politique, le monde littéraire ou poétique a ses inévitables transformations. Les mêmes causes qui changent la face d'une société ne peuvent pas ne pas changer la face de sa littérature, et c'est en ce sens que l'axiome de M. de Bonald, très contestable à notre avis, si l'on en fait découler une simultanéité de révolution qui n'existe presque jamais, devient parfaitement vrai du moment où il implique seulement une relation nécessaire de cause à effet, de principe à conséquence. Non, il n'est pas rigoureusement exact de dire que la littérature d'une société est toujours l'expression de cette société ; voyez plutôt la littérature compassée, guindée et pomponnée de l'école encyclopédique traverser la grande et orageuse période de la Constituante au consulat, et se perpétuer même, sauf quelques rares exceptions, jusque dans les derniers temps de l'empire. Tant que dure l'œuvre négative de la destruction, la poésie, qui vit d'affirmation, reste à l'état de chrysalide ; quand tout est consommé, quand les ruines gisent amoncelées sur le sol, et que la truelle va remplacer la hache ou le sabre, alors la poésie brise sa coque et sort plus ou moins belle, si l'on veut, mais renouvelée, mais transformée, mais *autre*.

Prenez toutes les grandes figures poétiques depuis Homère jusqu'à Châteaubriand, vous les verrez presque toujours surgir après une secousse, et chaque révolution sociale enfantera une révolution littéraire.

Se mutiner contre des faits de cette nature, faits absolus, nécessaires, éternels, jeter la pierre à toute gloire nouvelle au nom des gloires anciennes, serait puéril ; tracer autour de l'esprit humain le cercle inflexible de Popilius, prendre tel ou tel siècle dans le passé, le planter devant l'avenir en guise de colonnes d'Hercule, et dire à cet avenir : Tu n'iras pas plus loin, ce serait vouloir recommencer le miracle de Josué.

Si, en l'an de grâce 1840, il se trouvait un jeune homme obscur ayant nom Jean Racine, qui s'en vînt timidement, en habits râpés, se présenter devant le comité de lecture du Théâtre-Français, apportant sous son bras une tragédie intitulée *Bénénice* ou *Britannicus*, il est, ce nous semble, permis de croire, sans encourir la pendaison, que le comité de lecture refuserait la pièce, et que si par aventure il l'acceptait, elle n'aurait tout au plus qu'un succès d'estime. Quelques esprits d'élite admire-

raient sans doute une versification incomparable,
de beaux élans de haine ou d'amour, une connais-
sance profonde des mystères du cœur humain; mais
la foule, qui voit avec les yeux et juge avec l'esprit
de son temps, la foule resterait impassible et froide
en présence d'un agencement dramatique et d'un
développement de passion étranger à ses instincts,
à ses idées, à ses mœurs.

A ceux qui, pour renverser d'un mot notre hy-
pothèse, nous objecteraient le prodigieux succès de
mademoiselle Rachel, notre réponse serait fort
simple : Il ne s'agit plus ici d'une gloire à faire,
mais d'une gloire justement consacrée par deux
siècles ; et d'ailleurs n'est-il pas visible que si pour
quelques-uns la tragédie du grand siècle offre un
double attrait d'émotion et d'études ; pour le vulgaire, il n'y a guère là d'autre prodige qu'une tra-
gédienne de dix-sept ans? Cela est si vrai, que déjà
la foule, qui s'était battu les flancs pour admirer
de toutes ses forces, commence à se fatiguer de
tourner toujours dans le même cercle de sensations factices et prévues ; que ceux-là même qui

ont le plus contribué à produire la réaction demandent à grands cris, dans l'intérêt de l'actrice, un rôle nouveau, et pour le public une pâture nouvelle ; qu'en un mot, pour nous servir de l'expression d'un spirituel aristarque enthousiaste de Racine, la masse des *honnêtes ignorants*, des *naïfs ennuyés* lève les yeux vers la critique, en lui demandant, comme cet écolier à son précepteur : « Mon maître, est-ce que je m'amuse ? »

Que si maintenant on nous prenait pour un de ces *iconoclastes* féroces qui, sans façon, *démolissent* Racine, nous protesterions de toutes nos forces : on ne démolit pas plus Racine qu'on ne le refait ; l'auteur de *Phèdre* et d'*Athalie* restera toujours pour nous un de ces types éternels du beau humain qui brillent de loin en loin au front des siècles ; mais à côté de ce beau, qui est de tous les temps et de tous les lieux, il est, dans l'art, un autre genre de beau, relatif, muable, transitoire, et susceptible de radicale transformation comme l'époque dont il est le reflet ; ce beau de second ordre qui gît bien plutôt

dans la forme que dans le fond, Racine le possé-
dait en plein au XVIIe siècle ; il l'a perdu aujour-
d'hui. Pourquoi ? Dites-moi pourquoi la France de
1830 ne ressemble plus à la France de Louis XIV.

Le but de ces réflexions préliminaires, déjà trop
longues, serait-il, par hasard, d'établir que notre
époque a trouvé l'expression de sa pensée dramatique portée à sa plus haute, à sa plus complète
puissance dans la personne de M. Hugo ; qu'aujourd'hui le beau, c'est le laid , et qu'après *Hernani* ou *Marion Delorme* il n'y a plus qu'à tirer
l'échelle ? Dieu nous garde d'une thèse semblable!
Le côté dramatique ne nous a jamais paru le beau
côté de M. Hugo ; seulement, pour esquisser avec
plus de liberté le tableau d'une carrière orageuse
de novateur, nous avons voulu nous débarrasser
à l'avance de ces mesquines querelles de mots, qui
n'ont servi longtemps qu'à embrouiller les ques-
tions au lieu de les éclaircir. Maintenant, du reste,
ces dénominations arbitraires et absolues de *classique* et de *romantiqu* sont tombées en grand dis-
crédit ; maintenant, et c'est tant mieux, on s'en

réfère assez généralement, pour la distinction des genres, au principe de ce pauvre vieux Boileau, qui avait bien aussi son mérite. En dégageant le *genre ennuyeux* de son acception étroite et vulgaire; en admettant que l'*ennuyeux*, dans l'art, ce n'est pas seulement ce qui est monotone, ou fade ou glacial, mais encore ce qui est ampoulé, ce qui est illogique, ce qui est faux, ce qui est en contradiction avec les mouvements de l'âme, les passions du cœur et les plus impérieux instincts de la nature humaine; chacun se trouve dès-lors fort à l'aise pour faire à M. Hugo une large part en raison de ses impressions individuelles, sans prévention d'aucune sorte, ét il est permis d'admirer profondément *Notre-Dame de Paris* et les *Feuilles d'automne* sans être *romantique*, et de siffler *Ruy-Blas* sans être *classique*.

Victor-Marie Hugo est né à Besançon le 26 février 1802. Son père Sigismond Hugo, alors colonel, était un des premiers volontaires de la république; sa mère, fille d'un armateur de Nantes, Vendéenne de naissance et de cœur, en fuite à quinze ans à travers le Bocage, avait été, ainsi qu'il le dit lui-même, une *brigande* comme madame de Bonchamp et madame de Larochequelein. Cette double origine, en élargissant le cercle des sympathies du poète, a grossi d'autant la source de ses inspirations ; son cœur a successivement battu pour les grandes choses du passé et les grandes pensées de l'avenir.

> A l'empereur tombé dressant dans l'ombre un temple,
> Aimant la liberté pour ses fruits, pour ses fleurs,
> Le trône pour son droit, le roi pour ses malheurs,
> Fidèle enfin au sang qu'ont versé dans ma veine
> Mon père vieux soldat, ma mère Vendéenne.

Né presque sous la tente, aux jours les plus brillants de l'empire, M. Victor Hugo eut une de ces enfances nomades, aventureuses et fécondes en émotions de tous genres qui expliquent la singulière précocité lyrique de son *âme de cristal*. En véritable enfant de troupe il suivait du nord au midi les pas de géant de Napoléon. J'ai, dit-il, *parcouru l'Europe avant la vie ;* et en effet, à cinq ans il avait déjà passé de Besançon à l'île d'Elbe, de l'île d'Elbe à Paris, de Paris à Rome,

avait traversé l'Italie, séjourné à Naples, ré-
joui ses yeux de *l'aspect de ces bords embaumés
où le printemps s'arrête*, joué aux pieds du Vé-
suve, et tressailli peut-être aux coups d'escopette
de *Fra-Diavolo,* le poétique brigand, que son père,
nommé gouverneur de la province d'Avellino,
poursuivait à travers les montagnes de la Calabre.

En 1809 le jeune Victor revint en France avec
sa mère et ses deux frères, Abel et Eugène ; alors
seulement son éducation, déjà si fortement ébauchée par une vie d'aventures, se continua à l'aide
des livres : deux ans de sérénité domestique et de
jouissances paisibles s'écoulèrent pour lui dans
ce vieux couvent des Feuillantines dont il a plus
tard célébré le souvenir. L'enfant grandissait sous
l'aile de sa mère, choyé, caressé, rose et joyeux
comme tous les heureux enfants de ce monde ;
et pour que rien ne manquât à son bonheur, il
eut à son premier pas dans la vie l'amour d'une
toute petite et gracieuse fille qui devait un jour
devenir sa femme ; le couple de cinq ans s'en
allait courant à travers les allées ombreuses et

sablées du grand jardin, et puis, quand il était lassé de ses jeux, le jeune Victor se glissait mystérieusement dans un pavillon solitaire pour apprendre à lire dans Tacite sur les genoux d'un proscrit. Le général Lahorie, compromis dans le procès de Moreau, et poursuivi par la police impériale, avait demandé un asile à Mme Hugo; aussi généreuse qu'intrépide, la Vendéenne le garda deux ans dans sa maison caché à tous les yeux. Le général trouva une distraction aux ennuis de sa réclusion dans l'éducation du jeune Victor. Ce dernier reçut dès-lors le premier germe de ce royalisme qui devait éclater plus tard, et dont l'ardeur s'accrut encore lorsqu'en 1811, par une odieuse trahison, il vit son ami découvert dans sa retraite, arraché de ses bras, enseveli dans un cachot, et puis enfin fusillé dans la plaine de Grenelle en compagnie de Mallet.

Quelques mois après l'arrestation de Lahorie, le père de M. Hugo, alors général, et majordome du palais à Madrid, l'appela auprès de lui avec sa mère et ses frères. Sous ce ciel brûlant de l'Espa-

gne, sur ce sol pittoresque, riche de souvenirs et
bouleversé alors par la guerre, le jeune Victor
recueillit des impressious ineffaçables. Peut-être
dut-il en partie à ce séjour dans la Péninsule l'al-
lure haute et fière de sa pensée, la tenue castillane
de son vers, et l'exubérance toute méridionale
de son imagination. Toujours est-il qu'à dix ans
le démon de poésie s'emparait déjà de cette orga-
nisation impressionnable ; à l'âge où l'on parle à
peine en prose, il murmurait déjà de vagues et
confuses mélodies.

> Mes souvenirs germaient dans mon âme échauffée,
> J'allais chantant des vers d'une voix étouffée,
> Et ma mère, en secret, observant tous mes pas,
> Pleurant et souriant, disait : C'est une fée
>   Qui lui parle et qu'on ne voit pas.

Après avoir passé un an au *séminaire des no-*
bles à Madrid, Victor revint aux Feuillantines sur
la fin de 1812. C'est là que le trouva la première
restauration, qu'il accueillit avec l'enthousiasme
vendéen de sa mère.

Bientôt des dissentiments de vieille date, aigris
par une opposition de croyances politiques, écla-

tèrent plus vifs que jamais entre Mme Hugo et le général ; une séparation juridique s'en suivit , et aux Cent-Jours le père du jeune Victor, usant de ses droits, l'enleva à sa mère ainsi que son frère Eugène (l'aîné Abel était déjà sous-lieutenant) pour les placer tous deux dans une institution préparatoire à l'École Polytechnique.

Là le jeune Victor, tout en étudiant avec succès, quoique à regret, les mathématiques pour obéir aux intentions paternelles , se livrait de plus en plus à la poésie. En 1816, à quatorze ans, il avait déjà composé une tragédie d'après tous les préceptes d'Aristote ; la tragédie s'appelait *Irtamène;* elle était destinée à célébrer sous une forme symbolique le retour de Louis XVIII, et la scène se passait en Egypte : ce travail n'a point vu le jour. Deux pièces seules nous sont restées de cette époque : la parabole du *riche et du pauvre* et la touchante élégie de la *Canadienne;* elles ne déparent aucune des poésies postérieures de M. Hugo.

L'année suivante, en 1817, l'Académie proposa

un prix pour un poème sur les *avantages de l'é-tude*. L'écolier se mit sur les rangs ; sa pièce, jugée digne du prix, n'obtint pourtant qu'une mention honorable, par une circonstance assez singulière rapportée par quelques biographes (1). La pièce se terminait par ces vers :

> Moi qui, toujours fuyant les cités et les cours,
> De trois lustres à peine ai vu finir le cours.

Or, le ton grave et sérieux du morceau annon-çait au moins *cinq lustres* ; la digne Académie s'offensa de ces prétendus *quinze ans* de l'auteur, comme d'une mystification irrespectueuse, et elle jugea à propos de l'en punir en le privant du prix. Vainement, le jeune Victor, averti par un ami, s'empressa de venir porter lui-même son extrait de naissance au rapporteur, M. Raynouard. Il était trop tard, la palme avait été adjugée.

Deux ans plus tard, en 1819, après avoir fini ses études et obtenu à grand'peine de son père la faveur de poursuivre sa vocation littéraire, M. Hugo envoya à l'*Académie des jeux floraux* à

(1) Voir Sainte-Beuve, *Portraits littéraires.*

Toulouse deux odes : les *Vierges de Verdun* et le *Rétablissement de la statue de Henri IV*, qui furent toutes deux couronnées ; l'année suivante, une nouvelle poésie, *Moïse exposé sur le Nil*, qui est peut-être encore aujourd'hui une des plus belles créations lyriques de M. Hugo, lui valut un troisième prix et le grade de *maître-ès-jeux floraux*.

Dès ce moment le poète de dix-huit ans commence à se révéler à la France étonnée de cette précocité inouie ; de 1820 à 1822, M. Hugo traverse deux années remplies de travaux, de luttes, de peine, de bonheur, de gloire et d'éclat.

C'est ici du reste que commence à poindre l'époque littéraire la plus brillante de la restauration. Le pays est enfin sorti des fureurs de l'anarchie et du fracas des conquêtes. Partout renaît le goût du solide et du vrai ; l'éducation à peine ébauchée sous l'empire se relève forte et sérieuse comme l'époque ; l'intelligence des anciens est plus entière que jamais, le goût du moyen-âge qui commence à se manifester est loin encore de cette période d'engoûment et de monomanie qui le démonétisa plus tard ; l'étude des langues étrangères se répand de plus en plus , l'esprit de propagande intellectuelle se renforce. De toute cette littérature impériale gonflée de mots et vide d'idées, espèce d'*arrière-faix* de l'encyclopédie qui s'en va se décomposant de jour en jour, deux gloires venues avant l'heure, deux messies poétiques, deux génies révolutionnaires sont seuls restés debout, René et Corinne. Ces deux génies sortis d'une génération antérieure précèdent encore, dirigent et illuminent la génération nouvelle. Des quatre coins de l'Europe des voix de poètes s'appellent et se répondent comme des échos fraternels. C'est Goëthe, c'est Walter Scott, c'est Byron, c'est Manzoni. Casimir Delavigne a écrit les *Messéniennes*, un de ses plus beaux titres de gloire ; Lamennais a publié le premier volume de l'*Essai* ; Vigny prélude à son beau roman de *Cinq-Mars*, en donnant l'essor aux révélations de sa chaste muse ; enfin Lamartine vient de faire entendre pour la première fois sa voix de cygne.

A ce cri mélodieux d'un inconnu, Victor Hugo répond par un cri sympathique ; une noble rivalité l'enflamme, et son ardeur s'accroît dès-lors en proportion des difficultés qui l'entourent. Éprouvé par la douleur, car il a perdu sa mère ; par la pauvreté, car un sentiment de dignité fière l'empêche de recourir à son père ; par l'amour, car le jeune homme aime avec passion la compagne des jeux de son enfance, cette belle enfant des Feuillantines, qui l'aime aussi, et qu'on cherche à éloigner de lui parcequ'il est pauvre ; en face de tous ces obstacles, le tribun futur de l'art dramatique se raidit, s'irrite et bouillonne ; son âme s'épanche en poésie à jets vigoureux, irréguliers, mais brulants comme une lave. Voici venir d'abord le premier volume des odes et ballades, publié en 1822, poésie semée de beaux vers de circonstance, empreints du plus haut enthousiasme religieux et royaliste ; poésie parfaitement classique par la forme, mais déjà peu soucieuse des traditions antiques, presque exclusivement tournée vers les grandes choses féodales, retentissante du choc des boucliers et des armures, du vieux cri de guerre Montjoie Saint-Denis; poésie imprégnée d'un délicieux parfum de chevalerie et de foi, aimant à s'ébattre sur le préau des vieux castels, entourée de varlets, d'hommes d'armes, d'écuyers, de pages, de mélancoliques châtelaines et de hauts-barons bardés de fer.

En même temps, M. Hugo écrivait ses deux premiers romans, *Han d'Islande* et *Bug-Jargal*, qui ne parurent que quelques années plus tard. Ces deux produits bizarres et maladifs d'une imagination volcanisée offrent un mélange égal de monstruosité et de grâce. Le héros du premier est un espèce d'ogre, un Polyphème à deux yeux, qui habite un antre affreux en compagnie d'un ours moins farouche et moins mal léché que lui; les deux animaux mangent de la chair fraîche et boivent du sang humain.

Dans le roman de Bug-Jargal on retrouve un nain difforme, odieux et cruel, qui s'appelle Habibrah, et est en tous points le digne frère de Han d'Islande; à côté de ces créations hideuses, le

jeune romancier plaça de belles et idéales figures :
Ethel, Ordener et Marie, que les yeux aiment à
retrouver à travers ce cauchemar, et qui ressem-
blent à des vierges de Raphael ou à des têtes d'enfant de Lawrence, encadrées dans une ronde sa-
tanique d'Holbein.

Déjà commençait à se révéler chez M. Hugo cette
tendance à l'antithèse perpétuelle entre le bien et
le mal, le difforme et le beau, ou pour mieux dire
cette prédilection pour le *laid*, sur laquelle il a
greffé plus tard tout un système dramatique.

Au dire d'un écrivain (1), cet étrange roman
d'Han d'Islande, composé au plus fort de la passion du poète, n'était autre chose qu'un poème al-
légorique, un tendre message d'amour, destiné à
tromper les argus, et à n'être intimement compris
que d'une seule jeune fille. Ethel enfermée dans
une tour, c'était la bien-aimée; Ordener, c'était
M. Hugo lui-même, avec toute l'ardeur virginale
et le dévoûment sans bornes d'un premier amour;
l'odieux Han d'Islande c'était l'obstacle en gé-

(1) M. Sainte-Beuve, *Portraits littéraires.*

néral : on voit que M. Hugo ne flatte pas l'obstacle. Le dénoûment se fit longtemps attendre ; enfin Ordener, à force de persévérance et de courage, vainquit l'ogre et délivra Ethel ; c'est-à-dire que le poëte arriva à celle qu'il aimait par le chemin difficile de la gloire, et qu'en 1822 la belle Mlle Foucher devint Mme Hugo.

Dans l'intervalle le jeune homme s'était fait dans le monde une place brillante; le parti royaliste lui avait tendu les bras ; M. de Châteaubriand, dans une note du *Conservateur*, l'avait décoré du nom *d'enfant sublime ;* il avait lui-même fondé et il rédigeait avec le concours de son frère et de quelques amis le *Conservateur littéraire ;* il eût pu tourner ses vues vers la politique et se frayer une avantageuse carrière ; il préféra rester fidèle au culte de la poésie, et sa position pénible ne fut allégée que par une pension du roi aussi noblement accordée que noblement obtenue ; un de ses anciens amis d'enfance, le jeune Delon, condamné à mort à la suite de la conspiration de Saumur, était en fuite ; M. Hugo écrit à sa mère et lui offre pour son fils un asile dans son modeste réduit, en ajoutant : « Je suis trop « royaliste pour qu'on s'avise de venir le chercher « dans ma chambre. » La lettre est décachetée à la poste et mise sous les yeux de Louis XVIII qui punit le dévoûment de l'ami en lui accordant la première pension vacante.

Cependant, à mesure que M. Hugo se trouvait de plus en plus en contact avec les hommes et les choses, ses convictions subissaient d'irrésistibles modifications; la ferveur de son royalisme se ralentissait peu à peu, et ses inspirations de poète éprouvaient une transformation analogue ; la forme classique cédait du terrain à l'esprit novateur qui envahissait. Entre le 1er et le 3me volume des *odes et ballades*, publiés à quatre ans de distance ; entre le *rétablissement de la statue de Henri IV* et la *Fête de Néron*, il y a déjà dans l'âme du royaliste toute une transformation politique, et dans les productions du poète une progression de plus en plus marquée vers l'hérésie littéraire.

Ce ne fut qu'un an plus tard, en décembre 1827,

que M. Victor Hugo se décida à déclarer formel-
lement la guerre à Aristote et à Racine, en pu-
bliant son drame de *Cromwell* et la longue préface qui le précédait. Dans cette préface, qui est à
elle seule toute une poétique, M. Hugo rompait dé
finitivement avec le passé, et se constituait le messie
d'une doctrine nouvelle : il divisait l'humanité en
trois époques, les temps primitifs, les temps antiques, les temps modernes, et la poésie en trois
âges, correspondant chacun à une époque de l'humanité, l'ode, l'épopée et le drame; cette triple
poésie il la faisait découler de trois grandes sour-
ces : la Bible, Homère, Shakespeare. L'expression
de l'époque moderne c'était le drame, et le drame
c'était Shakespeare. Corneille, Racine et Voltaire
ne comptaient pas ; il les expulsait cavalière-
ment du domaine de l'art dramatique. « Le carac-
« tère du drame, disait M. Hugo, est le réel ; le
« réel résulte de la combinaison toute naturelle
« de deux types, le sublime et le grotesque, qui
« se croisent dans le drame comme ils se croi-
« sent dans la vie et dans la création. Tout

« ce qui est dans la nature est dans l'art. »

A l'appui de son système, M. Hugo donnait *Cromwell;* ce drame que l'auteur reconnaissait trop long pour être joué, il déclarait cependant l'avoir composé dans son entier pour la scène; nous ne savons ce qui serait advenu de *Cromwell* au théâtre; mais en laissant de côté, pour le moment, les dogmes très controversables de M. Hugo, sur lesquels nous reviendrons, nous dirons que la lecture de *Cromwell* ne nous a jamais ému ni récréé. Sur le thême le plus mesquin, l'auteur a brodé cinq actes interminables; le côté imposant et terrible de la figure du Protecteur est à peine esquissé; le portrait tracé par M. Hugo ressemble à une charge de Dantan, moins la ressemblance; *lady Francis,* cette grâcieuse création, ne fait que passer; les quatre fous sont souverainement insipides. Le *puritain Carr* ne vaut pas le *Balfour* de Walter-Scott; le *cavalier Rochester* est plus vrai; *Milton* est jeté là comme un hors-d'œuvre; la combinaison dramatique est presque nulle, et les personnages principaux sont perdus au milieu d'une légion de comparses qui obstruent la scène et fatiguent l'attention du lecteur : en vérité, si M. Hugo n'avait jeté dans *Cromwell* quelques-uns de ces beaux mouvements lyriques dont il a seul le secret, nous mettrions ce drame bien au-dessous des *scènes historiques* de M. Ludovic Vitet, si remarquables de fidélité historique.

Après ce premier essai dramatique, M. Hugo revint à la poésie lyrique, et publia *les Orientales* en décembre 1828. Dans ce livre, accueilli avec enthousiasme, M. Hugo atteignit les dernières limites de la poésie purement artistique, du beau dans la forme. Jamais la langue française n'était arrivée à ce point de ductilité et de souplesse ; jamais poème ne fut plus merveilleux par l'harmonie, la délicatesse, la limpidité du rhythme, la richesse du coloris et l'abondance des images. Du reste, si vous cherchez dans *les Orientales* une pensée, il n'y en a pas l'ombre ; voilà pourquoi nous aimons mieux *les Feuilles d'Automne.*

En janvier 1829, M. Hugo publia *les Derniers jours d'un condamné,* ce livre si beau de vérité cruelle, où il analyse minute par minute toutes les tortures d'un homme qu'attend l'échafaud. Il y a des pages qu'on dirait écrites avec la plume de fer du Dante. Cet *agenda funèbre* eut un succès prodigieux.

Quelques mois après, le Théâtre-Français ouvrit enfin ses portes à M. Hugo; *Hernani* fut joué pour la première fois le 26 février 1830, le jour même de la naissance du poète; les deux écoles dramatiques étaient à cette époque dans le paroxisme de l'exaltation. L'école classique défendait avec un ridicule acharnement l'entrée du sanctuaire contre l'invasion des Barbares : en désespoir de cause, elle eût presque invoqué à son aide la logique des baïonnettes; aux doléances de l'Académie portées jusqu'au pied du trône, Charles X avait répondu avec tout l'esprit du comte d'Artois : *En fait d'art je n'ai d'autre droit que ma place au parterre.* Déjà Shakespeare, le vandale Shakespeare sous la conduite de M. de Vigny s'était introduit au cœur de la place en franchissant les murs, et paradait aux yeux étonnés du public dans toute la nudité africaine d'*Othello.*

Hernani arriva bientôt à sa suite, enseignes déployées, au milieu des clameurs du triomphe ; tout Paris s'était donné rendez-vous au Théâtre-Français ; la première représentation fut des plus orageuses. Il y eut des applaudissements frénétiques, de furieux coups de sifflet et des scènes de pugilat en guise d'intermèdes pendant l'entr'acte. En somme les admirateurs l'emportèrent; ce pauvre Racine, qui n'en pouvait mais, fut rudement maltraité en effigie, et l'ovation de M. Hugo fut complète. Aujourd'hui que ces temps d'ardeur révolutionnaire ne sont plus, *Hernani* reste encore à notre sens le meilleur drame de M. Hugo ; non pas que l'action soit merveilleusement disposée et développée, non pas que les longueurs, les invraisemblances soient rares , et que l'histoire n'ait pas à se plaindre par-ci par-là de plus d'un croc-en-jambe ; mais c'est que l'ensemble de l'œuvre présente un caractère d'animation , de fierté et de grandeur qui révèle l'Espagne ; c'est que le monologue de Charles-Quint sur la tombe de

Charlemagne est sublime; c'est que dona Sol est belle d'une idéale beauté; c'est que la figure du vieillard est admirable; c'est qu'Hernani serait bien attrayant s'il était un peu moins ampoulé; c'est que M. Hugo ne s'est pas encore complètement voué au culte du *laid* physique et moral; c'est qu'il y a en un mot dans cet entassement de plusieurs drames en un seul, dans ce conflit impétueux et varié d'incidents et de passions, un charme entraînant qui délasse de la symétrie savante mais froide et méticuleuse des tragédies aristotéliques.

Le drame de *Marion Delorme*, composé avant *Hernani*, interdit par la censure de la restauration, fut joué quelque temps après la révolution de juillet. Là encore M. Hugo est parfois magnifique de chaleur et de passion; et pourtant dépouillé du prestige de la scène, privé de l'appui du décorateur et du machiniste, le livre nous intéresse médiocrement. Didier est une espèce d'Antony mélancolique et ténébreux, aussi anti-historique, dans son genre, que le Mahomet phi-

losophe de Voltaire, ou l'Achille dameret de Racine ; Marion Delorme a de beaux élans ; malheu-
reusement le poète a jugé à propos de baptiser ce
personnage d'un nom auquel il est bien difficile
de rattacher une pensée de dignité, de noblesse et
d'amour. Richelieu, ce Tarquin de l'aristocratie
féodale, n'est plus qu'un tigre à calotte rouge qui
tue pour le plaisir de tuer ; le caractère indécis, ti-
mide et ennuyé de Louis XIII est bien tracé ; le fou
l'Angely est au moins inutile.

Cependant les admirateurs de M. Hugo com-
mençaient à s'effrayer de ses procédés cava-
liers avec l'histoire. Au milieu des cris d'enthousiasme des disciples et des absurdes invectives
des détracteurs, la critique amie glissait de timi-
des admonitions ; M. Hugo répondit à la critique
en s'enfonçant plus avant dans sa voie. En janvier
1832, il donna au Théâtre-Français son drame du
Roi s'amuse, assez mal accueilli du public et qui
n'eut qu'une seule représentation. Dès le lendemain
le drame fut interdit en vertu d'un arrêté ministé-
riel, et livré à l'impression par M. Hugo quelques

jours après. Nous aimions médiocrement *Marion Delorme*, nous aimons encore moins *le Roi s'amuse*. Malgré de beaux effets de scène, malgré la chasteté naïve et charmante de Blanche, malgré le caractère si tragique du dénoûment, nous n'aimons pas à voir l'auteur des *Odes et Ballades*, celui qui naguère chantait avec enthousiasme ce roi *sacré chevalier par Bayard*, s'en venir aujourd'hui, par je ne sais quel caprice d'un bizarre génie, porter une main profane sur cette noble figure, sacrifier cette tête, la plus poétique de notre histoire, à l'ignoble tête d'un fou de cour, la barbouiller de boue, de lie et de sang, et la souffleter à plaisir. Que le rival étourdi et aventureux de Charles-Quint ait de minces droits aux sympathies du publiciste et de l'homme d'Etat, cela se conçoit ; que l'amant de la Féronnière n'ait pas toujours brillé par la délicatesse de ses amours, on ne saurait le nier ; mais pour le poète, pour M. Hugo surtout qui pousse si loin la tolérance du *laid*, est-ce bien là tout François Ier? et l'illustre vainqueur de Marignan, et le sublime vaincu de Pavie, et le protecteur des lettres et des arts , et l'ami du Primatice, de Léonard de Vinci, de Cellini , et le frère en poésie, qu'en avez-vous fait, poète? Un habitué de bouges infects, un adorateur de sales courtisanes, un héros de taverne. Ne craignez-vous donc pas que d'autres ne viennent à leur tour s'abattre après vous sur cette proie royale, et ils sont venus en effet; ils ont voulu dépasser le maître ; de François Ier vous aviez fait un débauché vulgaire, ils en ont fait un débauché et un lâche; vous l'aviez mis aux genoux d'une fille de joie, ils l'ont jeté aux pieds d'un marchand, et le héros tremblait, suppliait, demandait grâce, et le marchand crachait au visage du héros , et la foule sifflait , parcequ'elle avait pu toucher de ses mains cette large cuirasse sous laquelle battait un ur intrépide, cette cuirasse bosselée par les coups de piques des impériaux ; parcequ'elle savait vaguement, mais elle savait qu'un homme avait combattu deux grands jours à Marignan , qu'à Pavie, presque seul contre une armée , cet homme s'était fait un rempart de cadavres, et qu'il n'avait remis son épée que quand son bras fut lassé de frapper; que cet homme, qui perdait tout fors l'honneur, c'était là le vrai François Ier, le François Ier de la postérité, et non pas ce malheureux histrion qu'elle voyait ramper devant ses yeux.

Pour peu que cette tendance à violer et à salir l'histoire aille se perfectionnant, il n'est pas impossible que d'ici à deux ou trois siècles quelque dramaturge bien inspiré n'offre à nos neveux Napoléon recevant humblement le fouet des mains d'Hudson-Lowe.

Depuis *Le roi s'amuse*, M. Hugo s'est jeté de plus en plus dans l'adoration du laid; *Lucrèce Borgia, Marie Tudor, Angelo,* et surtout *Ruy-Blas,* présentent toujours ce même mélange hétérogène d'inspirations souvent sublimes et de puériles monstruosités; à force de se passionner pour cette antithèse perpétuelle de deux éléments contraires, M. Hugo en est venu à faire des drames non-seulement baroques, non-seulement illogiques, mais *impossibles;* à nous donner des héros qui parlent comme des braves et agissent

comme des lâches ; des grands hommes qui se con-
duisent comme des niais ; des furieux qui sont
doux comme des moutons ; des courtisanes can-
dides comme des vierges ; des reines faciles et vul-
gaires comme des grisettes ; des avalanches de ca-
tastrophes sorties d'une clef , d'une fleur ou d'un
chiffon de dentelle ; des tirades moitié grandioses,
moitié ridicules ; des vers souverainement beaux
d'un côté de l'hémistiche et souverainement
laids de l'autre côté : de telle façon que le spec-
tateur, soumis ainsi coup sur coup et en même
temps à deux impressions diamétralement contraires et d'une égale intensité, se trouve moralement
dans la position d'un homme qui aurait la moitié
du corps plongée dans l'eau brûlante et l'autre
moitié dans l'eau glacée.

Nous ne sommes point entiché des unités en
général, tant s'en faut ; mais il nous semble
qu'une certaine unité fondamentale est indispen-
sable dans l'art, comme en toute chose. La nature humaine peut être, et est en effet, inconsé-
quente, mais elle n'est pas incohérente ; deux sen-

timents opposés ne sauraient exister dans le même moment dans le même cœur ; on ne peut pas pleurer d'un œil et rire de l'autre. — Voilà pourquoi le mélange *égal*, ou plutôt l'antagonisme *permanent* du comique et du tragique, nous paraît contraire à la nature et à la vérité ; voilà pourquoi nous n'aimons pas les drames de M. Hugo.

Dans *Notre-Dame de Paris*, qui est en plusieurs points un chef-d'œuvre, ce fatal système se retrouve encore tout entier ; le poète est si entièrement possédé par cette pensée, qu'il consacre son dernier coup de crayon à nous peindre Esméralda, le type le plus pur de la beauté, accouplée par la mort dans le charnier de Montfaucon à Quasimodo, la suprême laideur, et le lecteur ferme le livre sur une impression d'horreur et de dégoût ; mais ici, le cadre du roman étant bien plus large que celui du drame, l'obsession de l'antithèse est moins constante : de la multiplicité même des chapitres résulte pour chacun d'eux une sorte d'unité spéciale. qui supplée, jusqu'à un certain point, à l'absence d'unité générale ; et puis, il y a dans ce livre tant d'énergie et de grâce de style, tant de science, tant de passion, tant de puissance, tant de génie, que le lecteur, remué dans les plus intimes profondeurs de son âme, n'a pas le temps de se rendre compte de la variété infinie de ses sensations; il est pris comme d'un vertige, et subit lui aussi l'ascendant de ce pouvoir mystérieux que M. Hugo a appelé *nécessité*, et qui n'est autre chose que la baguette à l'aide de laquelle ce puissant magicien fait mouvoir à son gré toutes les pièces de son formidable poème.

Que dire maintenant des *Feuilles d'Automne,* de cette riche floraison poétique de l'âge mûr, que renfermaient en germe les chants de *l'enfant sublime.* Là tout est grand, tout est complet, tout est harmonieux, tout est beau de cette beauté de Platon, *splendeur du vrai;* le rhythme délicieux des *Orientales* reparaît embelli de tout le charme d'une pensée tour à tour rêveuse par le souvenir, épanouie par l'espérance, allanguie par le doute et ranimée par la foi. Qui n'a lu et relu en pleurant la *Prière pour tous,* ce petit poème de trois cents vers qui vivra plus longtemps que la langue française, et pour lequel nous donnerions tous les drames de M. Hugo! Dans les *Chants du crépuscule* et dans les *Voix intérieures*, publiés plus tard, le poète sort parfois du cercle des joies et des douleurs intimes ; son regard parcourt le monde extérieur et sa voix se fait éclatante pour résumer ces mille voix, ces mille cris, ces mille douleurs d'une société qui a perdu sa route, qui tâtonne, qui souffre, pleure et se lamente dans la nuit ; et puis quand le poète s'est fatigué à appeler Dieu sur la montagne, il retourne à son foyer, chante les grâces des enfants, le bonheur du père et de l'époux, le doux regard, la pureté, la tendresse de la mère et de l'épouse,

> Cette fleur de beauté qne la bonté parfume.

Parallèlement à sa vie active, agitée et militante de novateur, le poète s'est fait une vie intime, pleine de sérénité et de charme. Au fond du quartier le plus retiré de Paris, à l'un des angles de cette Place Royale, vivant souvenir des premiers jours du grand siècle, il habite une somptueuse demeure, meublée avec le luxe d'un grand seigneur et la fantaisie d'un artiste.

C'est là, au sein d'un intérieur paisible et pur, auprès d'une gracieuse femme, au milieu de quatre visages d'enfants frais, riants et rosés, que M. Hugo, comme pour réaliser dans sa pensée son système d'antithèse dramatique, est parvenu à évoquer toutes ces apparitions sataniques, tous ces meurtres, tous ces adultères, tous ces incestes, toutes ces horreurs que vous savez. Mais c'est là aussi qu'il a enfanté cette délicieuse création d'Esméralda, la sœur cadette de Mignon et de Fénella, plus admirable peut-être que ses aînées ; c'est là qu'il a ressuscité le vieux Paris dans toute sa rude énergie ; c'est là qu'il a écrit toute cette belle poésie lyrique qui placera si haut son nom dans l'histoire littéraire du siècle. C'est là aussi, dit-on, qu'il se montre tour-à-tour patron bienveillant des gloires en herbe, spirituel causeur, archéologue érudit et passionné, homme de sens et de jugement, s'occupant très bien au besoin de choses prosaïques de la terre, et menant de front les devoirs du père et les inspirations du poète.

C'est dans ce sanctuaire enfin que M. Hugo se console sans doute en ce moment d'un de ces affreux malheurs qui faisaient le désespoir de Piron. L'auteur de *Notre-Dame de Paris* et des *Feuilles d'Automne*, escorté par M. de Châteaubriand et M. de Lamartine, ses deux frères en poésie, vient de se présenter encore une fois devant l'Académie Française, qui lui a obstinément refusé sa porte pour l'ouvrir à un disciple d'Esculape. Et voilà la presse entière qui jette feu et flamme contre l'Académie, comme s'il n'était pas tout naturel que ce respectable corps, exposé aux infirmités de l'âge, ait jugé, dans sa sagesse, qu'un illustre poète de plus était pour lui une acquisition beaucoup moins urgente qu'un médecin. Quant à nous, nous ne pouvons, en conscience, blâmer l'Académie.